L'EMPIRE

A

NAPOLÉON III

PARIS

E. DENTU, LIBRAIRE-ÉDITEUR

PALAIS-ROYAL, 13, GALERIE D'ORLÉANS

1860

L'EMPIRE

PARIS

IMPRIMERIE DE L. TINTERLIN ET Ce,

rue Neuve-des-Bons-Enfants, 3.

L'EMPIRE

A

NAPOLÉON III

PARIS

E. DENTU, LIBRAIRE-ÉDITEUR

PALAIS-ROYAL, 13, GALERIE D'ORLÉANS

1860

I

Après qu'il t'eut, quinze ans, fait tonner sous les cieux
     Canon de la Victoire ;
Qu'il se fut entouré du foyer lumineux
     Du soleil de sa gloire ;

Dieu lui donna cette île où seul, — loin des éclairs
     Et du bruit des batailles, —
Il eut autour de lui l'immensité des mers
     Au jour des funérailles !

Pensant à son armée, à ses chers étendards,
Du roc de Sainte-Hélène,
Au jour de l'agonie, il tourna ses regards
Vers les bords de la Seine :

N'y voyant, en montant vers Dieu qui l'appelait,
Qu'une œuvre commencée,
Il espérait qu'un jour l'enfant qu'il nous laissait
Saisirait sa pensée.

Dieu sembla, tout à coup, vouloir anéantir
Ce désir du grand homme :
Son rêve impérial, la mort vint l'engloutir
Avec le Roi de Rome.

Mais ce Dieu tout-puissant qui, selon ses desseins,
Nous reprend ou nous donne,

Qui fit monter la gloire aux panthéons romains,

Et tomber Babylone,

Sire, vous préparait pour qu'un jour vous vinssiez

Recueillir nos suffrages,

Et, semant sous nos yeux la moisson des lauriers,

Arrêter les orages.

Le héros endormi, ramené parmi nous,

Repose aux Invalides.

Il pense à vous, soldats ; dans l'ombre, il pense à vous,

Drapeaux des Pyramides,

Canons avec lesquels, en regardant les cieux,

Il traversa la terre,

Calme, l'épée en main, superbe, audacieux,

Au milieu du tonnerre.

Combien de souverains, grands peuples agités,

N'ont pas vu vos misères,

Et par le tourbillon de ce monde emportés,

Ont méconnu leurs frères !

L'un, dérobant à Dieu les rayons du soleil,

Les choisit pour ses armes.

Il n'aimait que splendeurs et qu'horizon vermeil.

Les sanglots et les larmes

Ne venaient pas troubler ce bonheur du grand roi,

Sous le ciel de Versailles.

Il se croisait les bras, disant : « L'État, c'est moi, »

Au milieu des batailles.

Sire, la voix du peuple a monté jusqu'à vous!

C'est le pouvoir suprême.

Dans sa prière ardente, il vous nomme à genoux.

Vous l'aimez, il vous aime.

D'autres l'ont accablé, du sein de leurs grandeurs,

De leur mépris superbe,

Et, dans leur égoïsme, oubliant ses douleurs,

Écrasé comme l'herbe.

C'est lui qui sait couvrir de son sang généreux

Les champs de la victoire ;

Il est le travailleur et le soldat joyeux,

La patrie et la gloire.

L'Italie a vers vous tendu ses bras meurtris,

Et vous l'avez sauvée ;

Vous avez écouté sa prière et ses cris,

Vous l'avez relevée !

L'Empereur avait vu, sous des cieux effrayants,

Tomber sa Grande Armée;

Mais la vôtre a planté ses drapeaux triomphants

Dans les champs de Crimée!

Sire, montant aussi, sublime et glorieux,

Au panthéon de gloire,

Et, comme l'Empereur, éblouissant nos yeux,

Vous entrez dans l'histoire!

L'aigle, au regard de feu, plane encor dans les cieux !

Il est des jours de gloire où l'émotion gagne

Femmes, vieillards, enfants, tout un peuple à la fois !

Il faut être César, Auguste ou Charlemagne,

Le vainqueur d'Austerlitz ou Napoléon Trois,

Pour convier son peuple et le monde à ces fêtes.

Sire, depuis que Dieu vous a dit : « Levez-vous,

« Et soyez le salut, au milieu des tempêtes, »

Souvent de pareils jours sont venus, parmi nous,

Faire éclater l'orgueil et l'amour populaires :

En saluant, en vous, le réveil d'un grand nom,

En applaudissant tous, nous avons vu, naguères,

Sur ces bords de la Seine, où dort Napoléon,

Le Louvre s'élever plus grand, plus digne encore

Du renom, du génie, et de la majesté

D'un peuple qui porta le drapeau tricolore

Partout où l'on voulait tuer la liberté ;

Nous avons vu la France, aux peuples de la terre,

Ouvrir ce monument, palais universel,

Où tant de nations devaient, pendant la guerre,

Se donner, en entrant, un salut fraternel.

Plus tard, après avoir vengé la Grande Armée,

Défilaient, dans Paris, vos soldats triomphants ;

Le vieux drapeau français revenait de Crimée,

La France, agenouillée, acclamait ses enfants !

De tous ces jours passés, de ces chants de victoire,

Nous avons recueilli l'immortel souvenir,

Et ce dépôt sacré de triomphe et de gloire

Ira, d'un siècle à l'autre, étonner l'avenir.

Mais hier, quand nos cœurs battaient au bruit des armes,

Ce fut un jour pour nous encor plus émouvant :

Drapeaux et régiments faisaient couler nos larmes ;

Vous les attendiez, Sire, au pied du monument

D'où l'Empereur domine, au milieu des nuages,

Ce Paris rayonnant qui s'agite à ses pieds,

Et qu'il fit tressaillir, dans un siècle d'orages,

En y rentrant aussi couronné de lauriers.

En des jours désastreux de fièvre et de démence,

Ce Dieu de Bossuet, qui règne sur les rois,

Sire, pour relever et pour sauver la France,

Vous a fait apparaître et grandir à sa voix !

Vous avez accompli la mission divine.

La révolution a dû fuir loin de nous ;

L'anarchie est vaincue, et la gloire illumine

Ce peuple généreux qui remonte avec vous

Les sentiers glorieux, les chemins qui conduisent

Aux sommets les plus hauts de l'immortalité.

C'est de là, qu'à tous ceux que les partis divisent,

Vous montrez aujourd'hui la magnanimité

De ce cœur généreux où chacun a pu lire,

Quand, hier, dans Paris, revenu triomphant,

Vous avez fait rentrer, sous le second Empire,

Les soldats d'Italie après ceux d'Orient.

Sire, que de lauriers sur les degrés du trône,

D'où vous régnez sur nous après Napoléon :

Consolant la douleur des inondés du Rhône,

Aussi grand dans la paix que devant le canon,

Aux peuples opprimés donnant l'indépendance,

Vous faites, devant vous, éclater tour à tour

Et monter vers le Dieu qui veille sur la France,

Des applaudissements et des transports d'amour !

Dans le champ du passé, d'où vient la voix des âges,

Ce siècle, — où le génie a jeté tant d'éclairs,

Où la pensée ardente a franchi les nuages, —

Brillera tel qu'un phare élevé sur les mers.

Comme on voit, sous le ciel de Sparte ou de Palmyre,

Planer la majesté des splendeurs d'autrefois,

Autour de nos cent ans, on verra de l'Empire

Tous les grands souvenirs se dresser à la fois !

Lumineuse, on verra s'élever la colonne,

Et du ciel y pleuvoir la moisson des lauriers :

Ces lauriers dont la Gloire a fait votre couronne,

Et ceux que l'Empereur sent frémir à ses pieds

Sous le dôme éclatant où seul, — dans ce mystère

Où la patrie en deuil veille et pleure à genoux, —

Il bénit Dieu dans l'ombre, en voyant, sur la terre,

Son aigle impérial qui plane autour de vous !

Jules BAILLY.

BUREAUX D'ABONNEMENT, 13, QUAI VOLTAIRE, A PARIS

ET A LA LIBRAIRIE **DENTU**, PALAIS-ROYAL

PARIS........ Trois mois, **14** fr. — Six mois, **26** fr. — Un an, **50** fr.
DÉPARTEMENTS. Trois mois, **15** fr. — Six mois, **29** fr. — Un an, **56** fr.
ETRANGER..... Le port en sus, suivant le pays.

REVUE

EUROPÉENNE

RECUEIL

LITTÉRAIRE, POLITIQUE, SCIENTIFIQUE ET PHILOSOPHIQUE

Paraissant DEUX FOIS PAR MOIS, le 1er et le 15

Par livraison de 14 feuilles grand in-8° (224 pages d'impression)

Directeur : M. AUGUSTE LACAUSSADE

La *Revue Européenne* a rapidement conquis une place importante dans la presse périodique, parmi les recueils les plus estimés ; elle doit la faveur qui l'a accueillie dès son origine au concours assidu, au talent consacré des hommes éminents qu'elle compte parmi ses collaborateurs, autant qu'à cette portion notable du public qu'intéressent les travaux de l'esprit et les hautes investigations de la science.

Confiée aux soins d'une direction libérale, éclairée par l'expérience du passé, la *Revue Européenne* a cherché son originalité à une égale distance des sentiers frayés et des innovations bruyantes ; elle a voulu tenir compte de tous les éléments, accueillir les hardiesses heureuses, tout en maintenant la tradition et la règle.

A côté des noms les plus autorisés, elle a groupé d'autres noms ou plus jeunes ou nouveaux, à qui n'avait manqué jusqu'ici que l'occasion de se produire.

Quelques-unes des études philosophiques, littéraires, politiques ou économiques qui ont paru dans la *Revue* sont devenues des livres recherchés.

Le mouvement des esprits, les besoins du temps présent, les événements contemporains constatés, suivis, expliqués par des voix dont nul ne conteste l'autorité : tels sont les éléments qui forment dans la *Revue Européenne* un ensemble de publications du plus haut intérêt.

La chronique politique de la quinzaine, soigneusement étudiée, présente aux lecteurs un avantage que chacun peut apprécier, celui de pouvoir résumer avec exactitude la situation, en puisant ses renseignements aux sources les plus directes et les plus authentiques.

Chacune des livraisons de la *Revue* contient :

Des travaux de littérature, d'histoire, de philosophie et de science ;

Un courrier politique et littéraire des principaux centres de l'étranger ;

Une chronique musicale, des théâtres et des salons ;

Un bulletin financier ;

Des articles ou un Bulletin de bibliographie.

www.ingramcontent.com/pod-product-compliance
Lightning Source LLC
LaVergne TN
LVHW010104060726

842524LV00006B/2303